anythink

D0758974

NO LONGER PROPERTY OF
ANYTHINK LIBRARIES/
RANGEVIEW LIBRARY DISTRICT

navylink

LOS CASTORES Y SUS MADRIGUERAS

POR ELIZABETH RAUM   ILUSTRADO POR ROMINA MARTÍ

AMICUS ILLUSTRATED es una publicacion de Amicus
P.O. Box 1329, Mankato, MN 56002
www.amicuspublishing.us

© 2018 Amicus.
Todos los derechos internacionales reservados en todos los países.
Prohibida la reproducción total o parcial de este libro por cualquier
método sin el permiso por escrito de la editorial.

Información de catálogo de publicaciones de la biblioteca del congres
Names: Raum, Elizabeth. | Martí, Romina, illustrator.
Title: Los castores y sus madrigueras / por Elizabeth Raum ; illustrated por Romina
Martí.
Other titles: Beavers build lodges. Spanish
Description: Mankato, MN : Amicus, [2018] | Series: Animales constructores |
Series: Amicus illustrated | Audience: K to grade 3.
Identifiers: LCCN 2017005313 | ISBN 9781681512785 (library binding)
Subjects: LCSH: Beavers--Habitations--Juvenile literature. | Beavers--Behavior--
Juvenile literature.
Classification: LCC QL737.R632 R3818 2018 | DDC 599.37156--dc23
LC record available at https://lccn.loc.gov/2017005313

EDITORA : Rebecca Glaser
DISENADORA : Kathleen Petelinsek
Traducción de Victory Productions, www.victoryprd.com

Impreso en los Estados Unidos de América
10 9 8 7 6 5 4 3 2 1

ACERCA DE LA AUTORA

De niña, Elizabeth Raum caminaba
por los bosques de Vermont
buscando rastros de los animales
que vivían allí. Se leyó todos los
libros sobre animales que había en
la biblioteca de su escuela. Ahora
ella vive en Dakota del Norte y
escribe libros para lectores jóvenes.
Muchos de sus libros son acerca
de animales. Para saber más, visita:
www.elizabethraum.net

ACERCA DE LA ILUSTRADORA

Romina Martí es una ilustradora
que vive y trabaja en Barcelona,
España, donde sus ideas cobran
vida para públicos de todas las
edades. A ella le encanta explorar
y dibujar toda clase de criaturas
del mundo entero, que luego
se convierten en los personajes
principales de la mayoría de sus
obras. Para saber más, visita:
rominamarti.com

¡Es primavera! El castor inicia su gran aventura. Es hora de hallar una pareja y construir su propio hogar.

¿Hallará el castor una compañera? Él deja su rastro en un montón de lodo. Es una señal. Una hembra castor joven olfatea el aire.

Su nariz la lleva al macho. Una pareja perfecta
que estará junta para toda la vida.

Hay un arroyo cercano, pero los castores necesitan un estanque. Tienen que construir un dique. Los castores usan sus afilados dientes delanteros para morder los árboles. Luego roen la madera con sus dientes inferiores. ¡Árbol a tierra! Los árboles caen al suelo.

Construir un dique es un trabajo difícil. Los castores hacen flotar los troncos en el agua. Los apilan a lo ancho del arroyo. Ellos entrelazan las ramas y agregan más troncos.

En aguas con corrientes rápidas, los castores usan rocas para mantener los troncos en su lugar. Ellos rellenan las ranuras con lodo. El dique es fuerte. Detiene el agua. Se forma un estanque.

Pájaros, peces y otros animales se mudan
al estanque de los castores. Algunos son
amigables. Otros no lo son.

¡Un lobo! Los castores golpean el agua con sus colas. ¡CRAC! ¡PLAF!
Los animales y los pájaros se dispersan. Los castores se zambullen
en el estanque. Se esconden debajo del agua hasta por 15 minutos.

El lobo se da por vencido.
Ahora hay que construir una
madriguera. El lugar más seguro
es en medio del estanque.
Los predadores no los pueden
alcanzar ahí.

Los castores cortan más árboles
y apilan las ramas en el fondo
del estanque. En poco tiempo,
la pila es tan alta que se ve
por fuera del agua. Forma
una cúpula.

La madriguera está casi lista. Los castores la cubren con lodo,
musgo y hojas. Pero no tiene puertas. Ellos nadan debajo del
agua y cavan dos entradas.

Ellos usan sus afiladas garras para excavar espacios dentro de la cúpula. La madriguera tiene habitaciones para comer y dormir. Las habitaciones se mantienen tibias. ¡Qué comodidad!

16

En el otoño, es tiempo de recolectar más comida.

Comen madera y

astran las ramas con

cerca de la madriguera.

ntiene la comida fresca

Anythink York Street

8990 York St., Ste A
Thornton, CO 80229
303-405-3234
Tues and Thurs, 11AM – 7PM
Wed, Fri, Sat, 9:30AM – 5:30PM
Sun and Mon, Closed

nombre de usuario: Preciadio, Alison F
deuda: $0.00

Artículos prestados en esta transacción: 1

Título: Los castores y sus madrigueras /
Número de articulo: 33021031144956
Fecha de regreso: 07/23/19

Página 1 de 1

Durante el invierno, los castores se aparean. Tres meses después, Mamá Castor tiene una camada de crías. Mamá Castor alimenta a sus crías recién nacidas con leche y ellas crecen rápido. Luego sus padres les dan de comer hojas y ramas.

En el verano, los castores nadan y juegan. Ellos reparan el dique y arreglan la madriguera. Las crías ayudan. Los padres les enseñan a construir y a buscar comida.

Cuando las crías tienen dos años de edad, se van de la madriguera a vivir sus propias aventuras y a construir sus propias madrigueras. ¡A construir, castores!

Lugares donde viven los castores

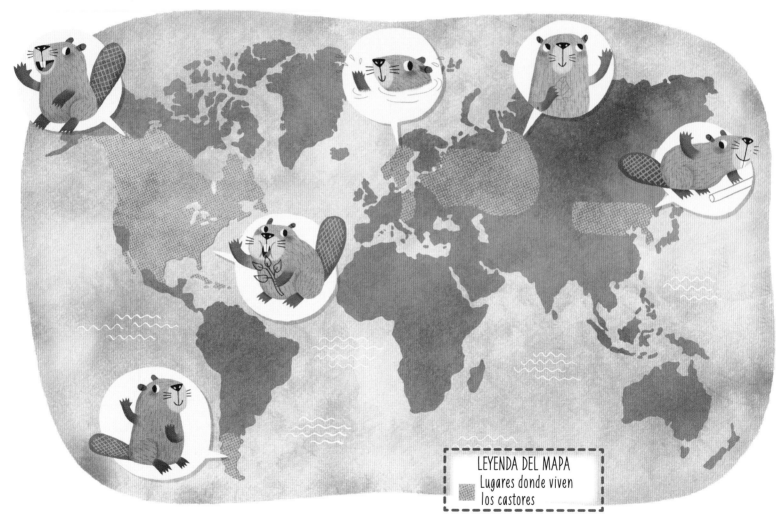

LEYENDA DEL MAPA
Lugares donde viven
los castores

Construye como un castor

Los castores usan objetos de su hábitat para construir diques y madrigueras. Trata de construir un modelo de un dique para ver cómo funciona.

LO QUE USAN LOS CASTORES	LO QUE NECESITAS
Lecho del río	Bandeja desechable para hornear de 9 x 13 pulgadas (23 x 33 cm) Plastilina o arcilla
Troncos y ramas	Palitos de madera
Lodo	Plastilina
Arroyo pequeño	Jarra de agua

LO QUÉ HACES

1. Cubre el fondo de la bandeja con más o menos 1 pulgada (2.5 cm) de plastilina.

2. Excava un lecho de río en medio de la plastilina.

3. Apila los palitos de madera a lo ancho del lecho de río para construir un dique. Si es necesario, rompe los palitos en tamaños diferentes.

4. Usa plastilina para tapar cualquier abertura entre los palitos.

5. Para probar tu dique, vierte agua con cuidado en el río arriba del dique. ¿Se detiene el agua? Si no es así, vuelve a intentarlo.

GLOSARIO

cría Castor bebé.

dique Barrera construida a lo ancho de un río o arroyo para detener el flujo del agua.

herbívoro Animal que solo come plantas.

madriguera La casa del castor.

pareja Compañero; un par que se une para tener crías.

predador Animal que caza a otros animales para comer.